The Brave Little Bee and Other Stories: Bilingual Stories for Kids in Hungarian and English

Artici Kids

Published by Artici Kids, 2024.

THE BRAVE LITTLE BEE AND OTHER STORIES: BILINGUAL STORIES FOR KIDS IN HUNGARIAN AND ENGLISH

First edition. July 1, 2024.

Copyright © 2024 Artici Kids.

ISBN: 979-8227663634

Written by Artici Kids.

Table of Contents

Zsuzsi, a Bátor Méhecske

A falu szélén, a réten, ahol a virágok táncoltak a szélben és a fűszálak zümmögtek, élt egy kicsi, szorgalmas méhecske, akit Zsuzsinak hívtak. Zsuzsi nem volt olyan mint a többi méhecske. Míg a többiek szerették a megszokott, unalmas napirendet, Zsuzsi imádta a kalandokat. Ő volt a méhek közt a legbátrabb, a legkreatívabb és a legvidámabb.

Egy nap, amikor a nap már rég magasan járt az égen, Zsuzsi izgatottan készülődött. Ma volt a nap, amikor a Nagy Méhverseny kezdődött, és Zsuzsi minden évben várta ezt az izgalmas eseményt. A verseny célja az volt, hogy a méhek a legfinomabb nektárt gyűjtsék, és a legszebben díszített kaptárat építsék meg. Minden évben az egyik méh nyerte meg a versenyt, de Zsuzsi mindig csak a második helyet szerezte meg, és most elhatározta, hogy idén megnyeri a versenyt.

Zsuzsi felkészült, és elindult a rétre. A verseny reggelén a rét tele volt színes virágokkal, a levegő pedig édes nektár illatával volt tele. Zsuzsi gyorsan dolgozott, gyűjtött egy nagy adag nektárt, de nem elégedett meg ennyivel. A versenyben az is fontos volt, hogy a méhek egyedi módon díszítsék a kaptárat, és Zsuzsi mindig arra törekedett, hogy valami különlegeset alkosson.

Mivel Zsuzsi szerette a különleges dolgokat, úgy döntött, hogy egy kis varázslatot visz a kaptárba. Amíg a többi méhecske a megszokott virágokkal dolgozott, Zsuzsi a rét legszebb virágaiból készített díszeket. Ezek a virágok különleges színekben pompáztak, és Zsuzsi úgy gondolta, hogy ezek csodásan mutatnak majd a kaptár díszítésén.

A verseny délutánra telt el, és minden méhecske bemutatta a saját munkáját. A többi kaptár szép volt, de Zsuzsié volt a legszebb. A kaptárján csillogó virágok, aranyszínű nektár és színes, tündöklő díszek voltak. Mindenki ámuldozott, és a zsűri is megdöbbent az alkotás látványától.

A verseny végén a zsűri bejelentette a győztest. Mindenki izgatottan várta az eredményt. Zsuzsi szíve hevesen dobogott, amikor a zsűri a nevét mondta: „És a Nagy Méhverseny győztese nem más, mint Zsuzsi, a bátor méhecske!" Az öröm határtalan volt, és Zsuzsi boldogan repült körbe, hogy megossza a hírt barátaival.

Az egész rét ünnepelt, és Zsuzsi a győzelme után sem hagyta abba a kalandokat. Továbbra is bátran fedezte fel a világot, mindig új ötletekkel és vidám mosollyal. És bár minden évben új kihívásokkal találkozott, sosem felejtette el, hogy a legfontosabb dolog az, hogy mindig önmagát adja, és soha ne hagyja abba a kalandokat.

Zsuzsi története inspirálta a többi méhecskét, hogy merjenek álmodni, és soha ne adják fel. Mert mindenki, aki hisz magában, képes arra, hogy elérje a céljait, és győztes legyen, akár egy bátor méhecske, mint Zsuzsi.

Zsuzsi the Brave Little Bee

On the edge of the village, in a meadow where flowers danced in the breeze and blades of grass hummed, lived a small, hardworking bee named Zsuzsi. Zsuzsi was not like the other bees. While the others liked their usual, boring routine, Zsuzsi loved adventures. She was the bravest, most creative, and happiest of all the bees.

One day, when the sun was high in the sky, Zsuzsi was excitedly preparing. Today was the day of the Great Bee Competition, an event Zsuzsi looked forward to every year. The goal of the competition was for the bees to gather the best nectar and create the most beautifully decorated hive. Every year, one bee won the competition, but Zsuzsi had always come in second place, and this year she was determined to win.

Zsuzsi prepared and set off for the meadow. On the morning of the competition, the meadow was filled with colorful flowers, and the air was full of the sweet scent of nectar. Zsuzsi worked quickly, gathering a large amount of nectar, but she wasn't satisfied with just that. In the competition, it was also important for the bees to decorate their hives in unique ways, and Zsuzsi always aimed to create something special.

Since Zsuzsi loved unique things, she decided to add a touch of magic to her hive. While the other bees worked with the usual flowers, Zsuzsi crafted decorations from the most beautiful flowers in the meadow. These flowers were in special colors, and Zsuzsi thought they would look marvelous on the hive.

By the afternoon, the competition was underway, and every bee presented their work. The other hives were beautiful, but Zsuzsi's was the most stunning. Her hive sparkled with flowers, golden nectar, and colorful, radiant decorations. Everyone marveled, and the judges were amazed by the sight of her creation.

At the end of the competition, the judges announced the winner. Everyone waited excitedly for the results. Zsuzsi's heart raced as the judges announced: "And the winner of the Great Bee Competition is none other than Zsuzsi, the brave little bee!" The joy was boundless, and Zsuzsi flew around happily, sharing the news with her friends.

The whole meadow celebrated, and even after her victory, Zsuzsi did not stop her adventures. She continued to bravely explore the world, always with new ideas and a cheerful smile. And although she faced new challenges every year, she never forgot that the most important thing was to always be herself and never stop having adventures.

Zsuzsi's story inspired the other bees to dream big and never give up. Because anyone who believes in themselves can achieve their goals and be a winner, just like the brave little bee, Zsuzsi.

Mia, a Kíváncsi Cica

Egyszer volt, hol nem volt, volt egyszer egy kis falu, ahol a macskák mindennap napozgattak az ablakpárkányokon és lustálkodtak a napfényben. De nem volt olyan macska, mint Mia. Mia nem volt az a fajta cica, aki egész nap a nap melegében pihent volna. Nem! Mia volt a legkíváncsibb cica az egész faluban, és mindig készen állt egy új kalandra.

Mia egy szép reggelen, amikor a nap sugaraival táncolt az ablak üvegén, úgy döntött, hogy elindul felfedezni a falu határain túlra. Hallott valamit egy titokzatos helyről, amit "Sárkányos Erdő"-nek hívtak, és kíváncsi volt, hogy ott valóban vannak-e sárkányok, mint ahogy a régi mesékben írták. Ezért összeszedte bátorságát, felkötötte a kis hátizsákját, amibe egy kis uzsonnát pakolt, és elindult a kalandra.

A Sárkányos Erdő felé vezető út hosszú és kanyargós volt. Mia ügyesen ugrált és mászott, amíg egy csodálatosan színes virágokkal teli rétre nem ért. A virágok olyan élénk színekben pompáztak, hogy Mia azt hitte, egy varázslatos helyre érkezett. Ahogy a réten átsétált, figyelte a méheket, amik szorgosan dolgoztak, és a pillangókat, amik mint egy színes tánc show-ban repkedtek. Mia azonban nem állt meg, továbbment, mert a sárkányokkal kapcsolatos kaland még váratott magára.

Mikor elérte az erdő szélét, meglátott egy hatalmas fát, aminek a gyökerei úgy kanyargtak, mint egy labirintus. Mia elhatározta, hogy bemegy a fa alá, mert úgy érezte, hogy ott rejlik valami különleges. Miután bejutott a fa belsejébe, egy csodálatos, glóriás világra bukkant. A fa belsejében egy gyönyörű üreg volt, amit apró, csillogó kövek világítottak meg. Ekkor Mia hallott egy halk, szipogó hangot. Kíváncsian közelebb ment, és egy kis, apró, aranyszőrű sárkánykát talált, aki a fa tövében sírt.

"Mi a baj, kis sárkány?" – kérdezte Mia, és odasétált a síró lényhez.

A sárkányka, akit Sárkánykának hívtak, felnézett, és elmesélte Mia-nak, hogy elvesztette a varázslatos amulettjét, ami az erdő védelmét biztosította. Az amulett nélkül az erdő minden varázsa elhalványul, és a sárkányka családja sem tudja megvédeni a határokat. Mia azonnal tudta, hogy segítenie kell.

"Szeretném segíteni neked!" – mondta Mia határozottan. "Elindulok, és megkeresem az amulettet."

Sárkányka megköszönte Mia-nak a felajánlást, és elmondta, hogy az amulett egy titokzatos, elhagyatott romok között rejtőzik az erdő mélyén. Mia elköszönt a sárkánykától, és elindult a romok felé. Az erdő sötét és sűrű volt, de Mia bátran haladt előre.

Az elhagyatott romok között Mia rengeteg érdekes dolgot talált: rég elfeledett kincseket, különleges növényeket, és egy különösen különleges varázslatos csillagot, ami az éjszakai égboltra emlékeztette. De az amulett nyoma sehol nem volt. Mia nem adta fel, és tovább kutatott, amíg végül egy ódon, titokzatos kő alatt meg nem találta az amulettet. Rájött, hogy a kő egy régi rejtekhely volt, ahol a sárkányok régen elrejtették a kincseiket.

Mia győztesen tért vissza a fa alá, és átadta az amulettet Sárkánykának. A kis sárkányka örömtáncot járt, és az erdő minden varázsa visszatért. Az erdő újból tele volt színes fényekkel és édes illatokkal. Sárkányka hálás volt, és megkérdezte Mia-t, hogy mit szeretne ajándékba kapni.

Mia azt mondta: "Csak annyit szeretnék, hogy mesélj nekem az erdő minden titkáról, hogy legközelebb, amikor kalandra indulok, többet tudjak erről a csodás helyről."

Sárkányka örömmel beleegyezett, és Mia megismerkedett az erdő minden titkával és történetével. Az erdő mélyén rejtőző varázslatos lények, szokatlan növények és mesés legendák mind feltárultak előtte. Mia minden nap új dolgokat tanult, és rengeteg izgalmas kalandot élt át.

Miután minden titkot megtudott, Mia hazatért a faluba, ahol elmesélte a kalandjait a többi macskának. Mindenki ámulva hallgatta a történeteit, és minden macska tudta, hogy Mia nemcsak kíváncsi és bátor, hanem igazi hős is, aki segített egy kis sárkánykának és megmentette a varázslatos erdőt.

Mia története még sokáig szólt a faluban, és mindenki tudta, hogy a legfontosabb dolog az életben az, hogy mindig bátor legyél, és sose félj felfedezni a világot. Mia példája arra tanította a falusiakat, hogy bármilyen kalandba is vágjanak, fontos, hogy soha ne veszítsék el a kíváncsiságukat és az álmukat.

Azóta Mia minden évben visszatér a Sárkányos Erdőbe, és minden alkalommal új kalandokat keres. Az erdő varázsa mindig újdonságokat tartogat, és Mia sosem unja meg a felfedezést. Minden kaland új lehetőséget ad neki arra, hogy megtudjon valami újat és izgalmasat, és hogy még több barátot szerezzen az erdőben. Mia mindig emlékezni fog arra, hogy a kíváncsiság, a bátorság és a kedvesség a legfontosabb dolgok az életben, és ezeket a tulajdonságokat mindig megőrzi, bármerre is kalandozzon.

Mia, the Curious Cat

Once upon a time, in a small village where cats lounged on window sills and basked in the sunlight, lived a little cat named Mia. But Mia was not like the other cats. While the others enjoyed their usual, lazy routines, Mia was the most curious cat in the village, always ready for a new adventure.

One fine morning, when the sunbeams danced on the windowpane, Mia decided to venture beyond the village's borders. She had heard tales of a mysterious place called the "Dragon Forest," and she was eager to discover if dragons really lived there, just like in the old stories. So she gathered her courage, packed a little snack in her tiny backpack, and set off on her adventure.

The journey to the Dragon Forest was long and winding. Mia hopped and climbed with agility until she reached a meadow filled with wonderfully colorful flowers. The flowers were so vibrant that Mia thought she had arrived in a magical place. As she walked through the meadow, she watched bees working diligently and butterflies fluttering in what seemed like a colorful dance show. But Mia did not stop; she pressed on, for the adventure with the dragons awaited.

When she reached the edge of the forest, she saw a massive tree with roots twisting like a labyrinth. Mia decided to explore underneath the tree, feeling that something special was hidden there. Once she entered the hollow of the tree, she discovered a breathtaking world illuminated by tiny, sparkling stones. At that moment, Mia heard a soft, sobbing sound. Curious, she moved closer and found a small, golden-furred dragon who was crying at the base of the tree.

"What's wrong, little dragon?" Mia asked as she approached the weeping creature.

The dragon, named Dragonlet, looked up and told Mia that he had lost his magical amulet, which protected the forest. Without the amulet, the magic of the forest would fade, and Dragonlet's family would not be able to protect their borders. Mia immediately knew she had to help.

"I want to help you!" Mia said resolutely. "I will find the amulet for you."

Dragonlet thanked Mia and explained that the amulet was hidden among the ruins deep in the forest. Mia said goodbye to Dragonlet and set off toward the ruins. The forest was dark and dense, but Mia courageously moved forward.

Among the abandoned ruins, Mia found many interesting things: forgotten treasures, unusual plants, and a particularly special magical star that reminded her of the night sky. But the amulet was nowhere to be found. Mia did not give up and continued searching until she finally discovered the amulet under an old, mysterious stone. She realized that the stone was an ancient hiding place where the dragons had once hidden their treasures.

Mia triumphantly returned to the base of the tree and handed the amulet back to Dragonlet. The little dragon did a joyful dance, and the magic of the forest returned. The forest was once again filled with colorful lights and sweet scents. Dragonlet was grateful and asked Mia what she would like as a gift.

Mia said, "I would like to learn all the secrets of the forest, so next time I embark on an adventure, I will know more about this wonderful place."

Dragonlet happily agreed, and Mia learned all the secrets and stories of the forest. She discovered the magical creatures hidden deep in the forest, unusual plants, and enchanting legends. Mia experienced countless exciting adventures and learned something new every day.

When she had learned all the secrets, Mia returned to the village, where she shared her adventures with the other cats. Everyone listened in awe to her stories, and every cat knew that Mia was not only curious and brave but also a true hero who helped a little dragon and saved the magical forest.

Mia's story was told throughout the village, and everyone understood that the most important thing in life is to be brave and never be afraid to explore the world. Mia's example taught the villagers that no matter what adventure they embarked on, it was crucial to always maintain their curiosity and dreams.

From then on, Mia returned to the Dragon Forest every year, always seeking new adventures. The forest's magic continually held new surprises for her, and Mia never grew tired of exploring. Each adventure offered new opportunities to learn something new and exciting and to make more friends in the forest. Mia would always remember that curiosity, bravery, and kindness are the most important things in life, and she would forever keep these qualities as she roamed wherever her adventures took her.

Lili, a Kalandvágyó Sellő

Egyszer volt, hol nem volt, volt egyszer egy csodás tenger, tele titokzatos lényekkel és varázslatos helyekkel. A tenger mélyén élt egy sellőlány, akit Lilinek hívtak. Lili nem volt olyan, mint a többi sellő. Míg a többiek örömmel úszkáltak a korallzátonyok körül és gyönyörködtek a tengeri gyümölcsökben, Lili mindig új kalandokra vágyott.

A tengerpart közelében, ahol a homok aranysárga volt és a hullámok vidáman sodródtak, Lili gyakran hallott mesélni a tenger mélyebb részeiben rejtőző csodás kincsekről. Egy nap, mikor a nap sugarai aranyszínű fényben fürdették a tenger vizét, Lili elhatározta, hogy elindul felfedezni egy híres, legendás kincset, amiről úgy tartották, hogy az óceán legmélyebb zugában rejtőzik.

Lili felkészült az útra. Személyesen megtervezte az útvonalat a térképe alapján, amit a régi tengeri teknősök meséltek neki. Előzőleg összegyűjtötte a legjobb tengeri ételeket és a legfinomabb algát, hogy útközben legyen mit ennie. Különleges, csillogó uszonyaiban még a legapróbb hullámok is ragyogtak, ahogy útnak indult.

Az első megállója a Tarka Korallzátony volt, ahol a korallok színei olyan élénkek voltak, hogy Lili úgy érezte, egy varázslatos mesefilmben találta magát. A korallzátony mellett egy cseppnyi, barátságos delfin, Tomi úszott, aki mindig mosolygott és szeretett mesélni. Tomi azt mondta, hogy sok évvel ezelőtt egy titokzatos tengeri boszorkány keresett meg őt, és elmondta neki a kincs helyét, amit most Lili keres.

„Tudom, hogy a kincs valóban létezik, mert a tengeri boszorkány sosem hazudik," mondta Tomi. „De vigyázz, az út tele van veszélyekkel és rejtélyekkel."

Lili megköszönte Tominak az információt, és folytatta az útját a mélyebb tenger felé. Hamarosan elérte a Sötét Szurdokot, ahol a fények alig hatoltak be a vízbe, és minden árnyékos és rejtélyes volt. Az út sötét volt, és Lili érezte, hogy az itt élő lények figyelik őt. Egy hangos zúgás hallatszott, és egy hatalmas, ijesztő muréna bukkant fel. Lili szíve hevesen vert, de bátorságot merített, és a murénát finom, édes algával próbálta megnyugtatni, amit a tenger fenekéről gyűjtött. A muréna megnyugodott, és Lili tovább folytathatta az útját.

Az út következő szakasza a Holdfényes Barlangokhoz vezetett, ahol a víz tükröződött, mint egy hatalmas, csillogó tükör. A barlangok belsejében egy varázslatos, ezüstszínű kagyló volt, amit egy régi tengerimalac, Béla őrzött. Béla elmondta Lilinek, hogy a kagyló egy varázslatos útra vezet, amely elvezet a kincshez, amit keres.

„A kagyló világít, és követni fog téged az úton. De légy óvatos, mert a barlangok mélyén csapdák rejtőznek!" figyelmeztette Béla.

Lili elfogadta a kagylót, és hálásan elköszönt Bélától. A Holdfényes Barlangok után az út egy titokzatos, víz alatti régi város romjaihoz vezetett, amit úgy hívtak, hogy Atlantisz. Atlantisz egy varázslatos hely volt, tele elveszett kincsekkel és régi, mesés épületekkel. Lili úgy érezte, mintha egy mesében lenne, amikor belépett a városba. A romok között egy hatalmas, ezüstszínű kapu állt, amit egy különleges, titokzatos bűbáj védett.

Lili a világító kagylóval követte a bűbájt, és megtalálta a bejáratot. Amikor belépett a kapun, egy hatalmas terem tárult elé, tele csillogó kincsekkel és egy óriási, aranyszínű kincsesládával a terem közepén. Lili odament a ládához, és óvatosan kinyitotta. A ládában egy gyönyörű, csillogó gyémánt volt, ami szinte világított.

Miközben Lili a gyémántot nézte, észrevette, hogy valami mozdulni kezd a terem sarkában. Egy régi tengerész szellem jelent meg, aki úgy nézett ki, mint egy szellem az óceánból. A szellem elmondta, hogy ő volt az utolsó őrzője a kincsnek, és most, hogy Lili megtalálta, elmondhatja neki a kincs történetét.

„Ez a gyémánt egy varázslatos ereklye, ami az óceán legmélyebb titkait rejti. Különleges képessége van arra, hogy bárkit elvezet az óceán legszebb helyeire," mesélte a szellem.

Lili szíve örömmel telt el, és megköszönte a szellemnek, hogy elmondta neki a kincs történetét. A szellem megajándékozta Lilit egy különleges varázslatos kristállyal, ami a gyémánt erejét erősítette, és segített neki, hogy visszatérjen a felszínre.

Lili visszatért a falujába, ahol mindenki kíváncsian várta őt. Mesélte el kalandjait, és megmutatta a gyémántot és a varázslatos kristályt. Mindenki ámulva hallgatta a történetét, és tudták, hogy Lili bátor volt, hogy ilyen messzire merészkedett, és olyan különleges kincseket talált, amik még az ősi legendákban is ritkák voltak.

Lili története nemcsak a falusiakat, hanem az egész óceánt inspirálta. Mindenki tudta, hogy a kíváncsiság és a bátorság mindent lehetővé tesz, és hogy a legfontosabb dolog az, hogy mindig kövessük az álmainkat. Lili továbbra is felfedezte az óceán mélyebb titkait, és minden kaland új varázslatos élményt hozott számára.

És így, minden évben, Lili újabb kalandokra indult, felfedezve az óceán legeldugottabb helyeit, mindig új titkokat és csodákat keresve. Az óceán varázsa sosem fogyott el, és Lili sosem hagyta abba a felfedezést, tudva, hogy a legfontosabb dolog az életben a kíváncsiság és a kaland szeretete.

Lily, the Adventurous Mermaid

Once upon a time, in a wondrous ocean full of mysterious creatures and magical places, lived a mermaid named Lily. Lily was not like the other mermaids. While the others happily swam around the coral reefs and enjoyed the sea fruits, Lily always yearned for new adventures.

Near the shore, where the sand was golden and the waves playfully rolled, Lily often heard tales about marvelous treasures hidden in the deeper parts of the ocean. One day, when the sun's rays bathed the ocean in golden light, Lily decided to set off on a quest to find a famous legendary treasure rumored to be hidden in the deepest corner of the sea.

Lily prepared for her journey. She personally mapped out her route based on the charts given to her by the old sea turtles. She packed the best sea foods and the tastiest seaweed for her trip. Her special, shimmering fins sparkled even in the tiniest waves as she set off.

Her first stop was the Colorful Coral Reef, where the colors of the corals were so vibrant that Lily felt as if she were in a magical fairy tale. Next to the reef swam a tiny, friendly dolphin named Tommy, who always smiled and loved to tell stories. Tommy told Lily that many years ago, a mysterious sea witch had given him the location of the treasure Lily was searching for.

"I know the treasure really exists because the sea witch never lies," Tommy said. "But be careful, the path is filled with dangers and mysteries."

Lily thanked Tommy for the information and continued her journey deeper into the sea. Soon, she reached the Dark Gorge, where light barely penetrated the water, and everything was shadowy and mysterious. The path was dark, and Lily felt the eyes of the creatures living there upon her. A loud rumble echoed, and a huge, frightening moray eel appeared. Lily's heart pounded, but she drew courage and tried to calm the eel with some sweet seaweed she had collected from the ocean floor. The eel calmed down, and Lily could continue her journey.

The next stage of the journey took her to the Moonlit Caves, where the water reflected like a giant, shimmering mirror. Inside the caves was a magical, silver shell guarded by an old sea hamster named Bela. Bela told Lily that the shell was a magical guide that would lead her to the treasure she sought.

"The shell glows and will guide you along the way. But be cautious, for there are traps hidden deep within the caves!" Bela warned.

Lily accepted the shell and thanked Bela gratefully. After the Moonlit Caves, the path led her to the ruins of an ancient underwater city known as Atlantis. Atlantis was a magical place full of lost treasures and ancient, enchanting buildings. Lily felt like she was in a fairy tale when she entered the city. Among the ruins stood a huge, silver gate protected by a special, mysterious enchantment.

Using the glowing shell, Lily followed the enchantment and found the entrance. As she entered the gate, a vast chamber filled with glittering treasures and a giant, golden treasure chest in the middle unfolded before her. Lily approached the chest and carefully opened it. Inside was a beautiful, sparkling diamond that seemed to glow.

As Lily gazed at the diamond, she noticed something moving in the corner of the chamber. An ancient sea spirit appeared, looking like a ghost from the ocean. The spirit told Lily that he had been the last guardian of the treasure and now that Lily had found it, he could tell her the story of the treasure.

"This diamond is a magical relic that holds the deepest secrets of the ocean. It has special powers to lead anyone to the most beautiful places in the sea," the spirit explained.

Lily's heart filled with joy, and she thanked the spirit for sharing the treasure's story. The spirit gifted Lily a special magical crystal that enhanced the diamond's power and helped her return to the surface.

Lily returned to her village, where everyone eagerly awaited her. She shared her adventures and showed them the diamond and the magical crystal. Everyone listened in awe to her story and knew that Lily had been brave to venture so far and find such special treasures that were rare even in ancient legends.

Lily's story inspired not only the villagers but the entire ocean. Everyone understood that curiosity and bravery make anything possible and that the most important thing is to always follow our dreams. Lily continued to explore the deeper secrets of the ocean, and every adventure brought her new magical experiences.

And so, every year, Lily set off on new adventures, discovering the ocean's most hidden places, always searching for new secrets and wonders. The ocean's magic never ran out, and Lily never stopped exploring, knowing that the most important thing in life is the love for curiosity and adventure.

Zsófi, a Varázslatos Egyszarvú

Egyszer volt, hol nem volt, volt egyszer egy csodálatos, színes erdő, ahol a fák mindig zöldelltek, és a virágok szivárvány színeiben ragyogtak. Ebben az erdőben élt egy különleges egyszarvú, akit Zsófinak hívtak. Zsófi nem volt akármilyen egyszarvú. Ő volt az egyetlen egyszarvú az erdőben, és a varázslatos szarva volt, ami mindig csillogott, mint egy csillag.

Zsófi reggelente szorgalmasan gyűjtögetett a színes virágokból és bogyókból, amikből finom, illatos reggelit készített. De Zsófi nemcsak szorgalmas volt, hanem kíváncsi és bátor is. Minden nap új kalandokat keresett, és mindig szeretett volna többet megtudni az erdő titkairól.

Egy szép napon, amikor a nap sugaraival játszott a fák között, Zsófi úgy döntött, hogy elindul egy új kalandra. Hallott egy mesét egy elrejtett kincsről, ami egy varázslatos réten található, ahol a fű zöldebb, mint bármely másik réten a világon. Úgy döntött, hogy megkeresi ezt a rétet, és megtudja, valóban létezik-e.

Zsófi felkészült az útra. Lelkesen pakolta a hátizsákjába a legfinomabb bogyókat, és egy üveg mézet, amit a legjobb barátjától, a méhészkedő méhecske, Pötyitől kapott. A szarvát gyönyörűen díszítette egy szalag, amit egy régi erdei tündértől kapott ajándékba. Elindult hát a kalandra, és ahogy az erdő mélyére hatolt, egy új világ tárult eléje.

Az első megállója a Varászlantó Folyó volt, amelyet a legszebb és legtisztaabb víz övezett, amit valaha látott. A folyópartján egy csodálatos, színes halak úszkáltak, akik mindig örömmel fogadták az új látogatókat. Köszöntötték Zsófit, és elmondták neki, hogy egy titokzatos öreg hód tudhat valamit a varázslatos rétről.

„Az öreg hód, Rufus a neve. Ő az erdő bölcsessége, és rengeteget tud a rétek és a kincsek világáról," mondta az egyik hal.

Zsófi megköszönte az információt, és elindult keresni Rufust. Hamarosan rátalált a hódot, aki egy csodás, apró gátat épített a folyó mentén. Rufus barátságosan üdvözölte Zsófit, és szívesen mesélt neki.

„A varázslatos rét valóban létezik," mondta Rufus. „De az út oda nem könnyű. Sok próbát kell kiállnod, és meg kell oldanod néhány rejtélyt."

Zsófi bátorságot merített Rufus szavaiból, és elhatározta, hogy folytatja az útját. Rufus egy régi térképet adott neki, amely segíthet a varázslatos rétre vezető úton. Zsófi megköszönte, és útnak indult a térképpel.

Az út következő szakasza a Suttogó Erdőbe vezetett, ahol a fák mintha titokzatos suttogást hallottak volna egymással. A fák között egy furcsa, csillogó por lebegett, ami mintha mágikus hatással bírt volna. Zsófi követve a térképet, rátalált egy különleges kőre, amely egy régi rejtélyes feliratot rejtett.

A felirat azt mondta, hogy a következő próbát egy rejtélyes szellem fogja adni, akit a Suttogó Erdő szelleme őrzött. Zsófi mély levegőt vett, és elindult, hogy találkozzon a szellemmel. Hamarosan találkozott egy átlátszó, fénylő lényrel, aki úgy nézett ki, mint egy mesebeli szellem.

„Készen állsz, hogy megoldj egy rejtélyt?" kérdezte a szellem. „A feladatod az, hogy találj meg három különleges virágot, amik csak a legbátrabbaknak mutatkoznak meg."

Zsófi tudta, hogy ez nem lesz könnyű, de bátorságot merített az előtt álló kihívásból. Elkezdett keresgélni a varázslatos virágok után, és sokáig kutatott az erdőben. Végül, egy különleges fény által vezetve, megtalálta a három varázslatos virágot, amik különböző színekben ragyogtak, mint a szivárvány.

A szellem elégedetten nézte Zsófit, és megköszönte a bátorságát. „Most már közelebb kerültél a varázslatos réthez. Az utolsó próba a Hegyek Kősziklláján lesz. Ott találkozni fogsz egy öreg, bölcs sárkánnyal, aki az utolsó próbát fogja adni."

Zsófi elindult a Hegyek Kősziklájához, ahol a sziklarészek között egy hatalmas, öreg sárkány pihent. A sárkány, akit Zsigmondnak hívtak, mély és komoly hangon beszélt.

„Ha szeretnéd elérni a varázslatos rétet, be kell bizonyítanod, hogy érted a természet titkait," mondta Zsigmond. „Íme a próba: egy különleges, rég elfeledett fa gyümölcsét kell megtalálnod, ami csak akkor jelenik meg, ha a szíved tiszta és a szándékaid őszinték."

Zsófi elfogadta a próbát, és elindult keresni a különleges gyümölcsöt. Az út nehéz volt, és sok akadályt kellett leküzdenie, de Zsófi sosem adta fel. Az erdő mélyén, a legnagyobb tisztás közepén végül megtalálta a fa gyümölcsét, ami gyönyörűen csillogott az arany fényben.

A gyümölcs megtalálása után Zsófi visszatért Zsigmondhoz. A sárkány örömmel fogadta, és megkérdezte Zsófit, hogyan érezte magát az úton. Zsófi elmesélte neki a kalandjait és azt, hogy mennyire fontos számára a varázslatos rét és a természet titkai.

Zsigmond elmosolyodott, és megáldotta Zsófit. „Most már elmondhatom, hogy valóban méltó vagy a varázslatos réthez. Menj hát, és fedezd fel az utolsó titkot."

Zsófi elindult a varázslatos rét felé, ahol egy csodálatos világ tárult eléje. A fű zöldebb volt, mint bármely más réten a világon, és a levegőben varázslatos illatok terjengett. A réten egy csodálatos, aranyszínű kút állt, aminek a vize csillogott, mint az éjszakai égbolt.

Zsófi közel ment a kúthoz, és belenézett a vízbe. A víz tükrözte az őszinte szándékait és a bátorságát. A kútból egy gyönyörű, színes fény származott, amely körülölelte Zsófit, és varázslatos energiával töltötte el. Zsófi tudta, hogy elérte a célját, és örömmel töltötte el a siker.

A varázslatos rét után Zsófi visszatért az erdőbe, ahol mindenki ünnepelte őt. Mesélte el kalandjait a többi erdei lénynek, és megosztotta velük a varázslatos rét titkait. Az erdő lakói csodálták Zsófit bátorságát és kíváncsiságát, és tudták, hogy Zsófi nemcsak varázslatos egyszarvú, hanem egy igazi hős is.

Zsófi története eljutott az erdő minden szegletébe, és mindenki megértette, hogy a legfontosabb dolog az életben a kíváncsiság, a bátorság és a tiszta szándék. Zsófi továbbra is új kalandokra indult, felfedezve az erdő legmélyebb titkait és minden nap új csodákat keresve.

És így Zsófi élete tele volt varázslatos kalandokkal, ahol mindig új dolgokat tanult és mindig új barátokat szerzett. Az erdő varázsa sosem fogyott el, és Zsófi sosem hagyta abba a felfedezést, tudva, hogy a legfontosabb dolog az életben a kíváncsiság és a kaland szeretete.

Sophie, the Magical Unicorn

Once upon a time, in a magnificent, colorful forest where the trees were always green and the flowers glowed in rainbow hues, lived a special unicorn named Sophie. Sophie was no ordinary unicorn. She was the only unicorn in the forest, and her magical horn sparkled like a star.

Every morning, Sophie diligently gathered colorful flowers and berries to make a delicious, fragrant breakfast. But Sophie wasn't just hardworking; she was also curious and brave. Every day she sought new adventures and always wanted to learn more about the secrets of the forest.

One beautiful day, when the sun's rays played among the trees, Sophie decided to set out on a new adventure. She had heard a tale about a hidden treasure located in a magical meadow, where the grass was greener than any other meadow in the world. She decided to find this meadow and see if it really existed.

Sophie prepared for her journey. She eagerly packed her backpack with the finest berries and a jar of honey she received from her best friend, the beekeeper bee named Pötyi. Her horn was beautifully adorned with a ribbon given as a gift by an old forest fairy. She set off on her adventure, and as she ventured deeper into the forest, a new world unfolded before her.

Her first stop was the Enchanted River, which was surrounded by the clearest and most beautiful water she had ever seen. Colorful fish swam along the riverbank, always welcoming new visitors with joy. They greeted Sophie and told her that a mysterious old beaver might know something about the magical meadow.

"The old beaver, named Rufus, is the wisdom of the forest and knows a lot about meadows and treasures," said one of the fish.

Sophie thanked them for the information and set off to find Rufus. She soon found the beaver, who was building a charming little dam along the riverbank. Rufus greeted Sophie warmly and was happy to share his knowledge.

"The magical meadow does exist," Rufus said. "But the path there is not easy. You will have to pass many trials and solve a few mysteries."

Sophie drew courage from Rufus's words and decided to continue her journey. Rufus gave her an old map that would help guide her to the magical meadow. Sophie thanked him and set off with the map.

The next part of the journey took her to the Whispering Forest, where the trees seemed to whisper secrets to each other. Among the trees, a strange, glittering dust floated, which seemed to have magical properties. Following the map, Sophie found a special stone with an old, mysterious inscription.

The inscription said that the next trial would be given by a mysterious spirit who guarded the Whispering Forest. Sophie took a deep breath and went to meet the spirit. She soon encountered a translucent, glowing being who looked like a fairy tale ghost.

"Are you ready to solve a riddle?" the spirit asked. "Your task is to find three special flowers that only reveal themselves to the bravest souls."

Sophie knew this wouldn't be easy, but she drew strength from the challenge ahead. She began searching for the magical flowers and spent a long time searching the forest. Finally, guided by a special light, she found the three magical flowers, each glowing in different colors like a rainbow.

The spirit looked at Sophie with satisfaction and thanked her for her bravery. "You are now closer to the magical meadow. The final trial will be at the Stone Cliffs of the Mountains. There you will meet an old, wise dragon who will give the last trial."

Sophie set off for the Stone Cliffs of the Mountains, where a huge, ancient dragon rested among the rocky outcrops. The dragon, named Zsigmond, spoke in a deep and serious voice.

"If you want to reach the magical meadow, you must prove that you understand the secrets of nature," Zsigmond said. "Here is your trial: you must find the fruit of an ancient, forgotten tree that only appears when your heart is pure and your intentions are sincere."

Sophie accepted the trial and set off to find the special fruit. The journey was difficult, and she had to overcome many obstacles, but Sophie never gave up. Deep in the forest, in the heart of the largest clearing, she finally found the fruit, which shimmered beautifully in golden light.

After finding the fruit, Sophie returned to Zsigmond. The dragon welcomed her and asked how she felt about the journey. Sophie shared her adventures and explained how important the magical meadow and the secrets of nature were to her.

Zsigmond smiled and blessed Sophie. "Now I can tell you that you are truly worthy of the magical meadow. Go now and discover the final secret."

Sophie set off towards the magical meadow, where a marvelous world unfolded before her. The grass was greener than any other meadow in the world, and magical scents filled the air. In the meadow stood a magnificent golden well, its water sparkling like the night sky.

Sophie approached the well and looked into the water. The water reflected her sincere intentions and bravery. A beautiful, colorful light emanated from the well, enveloping Sophie and filling her with magical energy. Sophie knew she had achieved her goal and was filled with joy at her success.

After visiting the magical meadow, Sophie returned to the forest, where everyone celebrated her. She shared her adventures with the other forest creatures and revealed the secrets of the magical meadow. The forest dwellers admired Sophie's bravery and curiosity and knew that Sophie was not only a magical unicorn but also a true hero.

Sophie's story spread throughout the forest, and everyone understood that the most important things in life are curiosity, bravery, and sincere intentions. Sophie continued to embark on new adventures, discovering the deepest secrets of the forest and always searching for new wonders.

And so Sophie's life was filled with magical adventures, where she learned new things and made new friends every day. The magic of the forest never faded, and Sophie never stopped exploring, knowing that the most important thing in life is the love for curiosity and adventure.

Leó, a Nagyon Híres Oroszlán

Egyszer volt, hol nem volt, volt egyszer egy hatalmas, csodálatos dzsungel, ahol minden nap napfény ragyogott, és a fák között csicsergő madarak énekeltek. Ebben a dzsungelben élt egy különleges oroszlán, akit Leónak hívtak. Leó nem volt akármilyen oroszlán. Ő volt a dzsungel legbátrabb, legkirályibb, és legszórakoztatóbb állata.

Leó egy csodálatos aranyszínű sörénnyel büszkélkedhetett, ami úgy ragyogott, mint a nap, és mindig mindenki figyelmét magára vonta. De nemcsak a külseje volt különleges, hanem a szíve is. Leó mindig segített a barátainak, és sosem hagyta cserben őket, ha problémájuk volt. Mindenki tudta, hogy Leó a legjobb barát, akit bárki csak kívánhat.

Egy napon, amikor Leó éppen a dzsungel egyik szegletében sétált, és épp egy finom mangót majszolt, egy izgatott kisegér szaladt oda hozzá. A kisegér, akit Misi-nek hívtak, izgatottan és gyorsan beszélt.

„Leó! Leó! Valami nagy dolog történt! Egy hatalmas versenyt rendeznek a dzsungelben, és a győztes egy csodálatos trófeát kap!"

Leó felnézett Misi-re, és mosolygott. „És mi a verseny lényege?" kérdezte érdeklődve.

„A verseny az, hogy ki tudja a legviccesebb tréfát mondani!" Misi lelkesedéssel válaszolt. „Mindenki azt mondja, hogy te vagy a legviccesebb oroszlán a dzsungelben! Szerintem te megnyerheted a versenyt!"

Leó örömmel hallotta Misi híreit. Tudta, hogy a viccelődés és a nevetés mindig az ő világába tartozott, és nem akarta kihagyni ezt a lehetőséget.

„Hát akkor irány a verseny!" mondta Leó, és elindult a dzsungel közepére, ahol a versenyt rendezték.

A verseny napján a dzsungel tele volt izgatott állatokkal, akik mind várták a szórakoztató eseményt. Volt ott mindenféle állat: majmok, elefántok, zsiráfok, és természetesen a legviccesebb állatok is. Mindenki izgatott volt, hogy kiderüljön, ki lesz a legviccesebb a dzsungelben.

A versenyt egy hatalmas, színes majom, Pepi vezette, aki mindig vidám és szeretett tréfálkozni. Pepi megkérdezte az első résztvevőt, egy kis rókát, hogy mondjon egy viccet. A róka ügyesen mondott egy viccet, ami sok nevetést kiváltott a közönségből. Aztán következett a következő állat, és így tovább. Mindenki próbálkozott, hogy elnyerje a közönség tetszését.

Amikor Leó következett, a dzsungel teljes csendben várta, hogy mit fog mondani. Leó hatalmas, fényes sörényével megállt a színpad közepén, és hatalmas mosolyt villantott. Mindenki tudta, hogy Leó mindig valami különlegeset hoz a színpadra.

„Készen álltok?" kérdezte Leó, és az állatok izgatottan bólogattak. „Na, akkor hallgassátok ezt!"

Leó elkezdett mesélni egy viccet, ami a következő volt:

„Miért nem tudott az oroszlán sosem úszni a dzsungel tavában?"

A közönség kíváncsian várta a választ. Leó megállt egy pillanatra, és aztán hangosan folytatta:

„Mert mindig az iszapot húzta magával!"

A dzsungel kitört a nevetéstől. Minden állat kacagott, és még a fák is mintha nevetnének, mert a szél susogott, mint a vidám kacagás. Pepi majom is nevetett, és boldogan jegyezte fel Leó nevét a győztes listájára.

„Gratulálok, Leó!" kiáltotta Pepi. „Te vagy a legviccesebb oroszlán a dzsungelben! Kapsz egy csodálatos trófeát!"

Leó örömmel vette át a trófeát, ami egy gyönyörű, csillogó arany szobor volt, amit Pepi adományozott. A dzsungel állatai ünnepelték Leót, és mindenki örült, hogy az ő kedvenc oroszlánjuk nyerte meg a versenyt.

Leó hálás volt a támogatásért, és tudta, hogy a legnagyobb ajándék nem a trófea volt, hanem a barátok szeretete és a közösen megélt nevetés. Az estét egy hatalmas dzsungel parti zárta, ahol mindenki együtt ünnepelt és táncolt a holdfény alatt.

A következő napokban Leó még több viccet mesélt az állatoknak, és mindenki sokat nevetett. A dzsungel tele volt vidámsággal és nevetéssel, és mindenki tudta, hogy a legfontosabb dolog az életben a barátokkal együtt töltött idő és a közös öröm.

Leó sosem hagyta abba a tréfálkozást, és minden nap új kalandokat keresett, amik során mindenki jól érezte magát. A dzsungel lakói mindig várták, hogy mi következik Leó-tól, és sosem csalódtak.

Így történt, hogy Leó, a nagyon híres oroszlán, mindig emlékezetes napokat szerzett barátainak és a dzsungel összes lakójának. Hiszen a legfontosabb dolog az életben az, hogy mindig mosolyt csaljunk mások arcára és együtt ünnepeljünk a boldogságot.

És így élt Leó boldogan és viccesen, kalandról kalandra, mindig megosztva a nevetést és a szeretetet minden barátjával, tudva, hogy a legszebb ajándék a világon a közös öröm és a barátság.

Leo, the Very Famous Lion

Once upon a time, in a magnificent jungle where sunshine sparkled every day and birds chirped among the trees, lived a special lion named Leo. Leo was no ordinary lion. He was the bravest, most regal, and funniest animal in the jungle.

Leo had a magnificent golden mane that shimmered like the sun, always capturing everyone's attention. But it wasn't just his appearance that was special; it was his heart too. Leo was always there to help his friends and never let them down if they had a problem. Everyone knew that Leo was the best friend anyone could wish for.

One day, while Leo was strolling through a corner of the jungle and munching on a delicious mango, an excited little mouse named Misi ran up to him. Misi was buzzing with excitement and spoke rapidly.

"Leo! Leo! Something big has happened! There's a huge contest happening in the jungle, and the winner gets a wonderful trophy!"

Leo looked up at Misi and smiled. "And what's the contest about?" he asked with curiosity.

"The contest is about who can tell the funniest joke!" Misi replied eagerly. "Everyone says that you are the funniest lion in the jungle! I think you could win the contest!"

Leo was thrilled to hear Misi's news. He knew that joking and making people laugh was his forte, and he didn't want to miss this opportunity. "Then let's head to the contest!" Leo said, and he set off for the center of the jungle where the contest was being held.

On the day of the contest, the jungle was filled with excited animals all eager for the entertaining event. There were all sorts of animals: monkeys, elephants, giraffes, and of course, the funniest animals as well. Everyone was excited to see who would be the funniest in the jungle.

The contest was led by a huge, colorful monkey named Pepi, who was always cheerful and loved to joke around. Pepi asked the first participant, a little fox, to tell a joke. The fox cleverly told a joke that elicited lots of laughter from the audience. Then came the next animal, and so on. Everyone tried to win the audience's favor.

When it was Leo's turn, the jungle went completely silent, waiting to hear what he would say. Leo, with his big, shiny mane, stood in the center of the stage and flashed a huge smile. Everyone knew that Leo always brought something special to the stage.

"Are you ready?" Leo asked, and the animals nodded excitedly. "Well then, listen to this!"

Leo began to tell a joke:

"Why couldn't the lion ever swim in the jungle pond?"

The audience waited eagerly for the answer. Leo paused for a moment and then continued loudly:

"Because he always dragged the mud with him!"

The jungle erupted with laughter. Every animal laughed, and even the trees seemed to laugh as the wind rustled through them like cheerful giggles. Pepi the monkey also laughed and happily noted Leo's name on the winner's list.

"Congratulations, Leo!" Pepi exclaimed. "You are the funniest lion in the jungle! You will receive a wonderful trophy!"

Leo joyfully accepted the trophy, which was a beautiful, sparkling golden statue donated by Pepi. The jungle animals celebrated Leo, and everyone was happy that their favorite lion had won the contest.

Leo was grateful for the support and knew that the greatest gift wasn't the trophy, but the love of friends and the shared laughter. The evening ended with a huge jungle party where everyone celebrated and danced under the moonlight.

In the following days, Leo told even more jokes to the animals, and everyone laughed heartily. The jungle was filled with joy and laughter, and everyone knew that the most important thing in life was spending time with friends and enjoying happiness together.

Leo never stopped joking and always sought new adventures where everyone could have a great time. The jungle dwellers eagerly awaited what Leo would do next and were never disappointed.

And so Leo, the very famous lion, always brought memorable days to his friends and all the inhabitants of the jungle. For the most important thing in life is to always bring a smile to others' faces and celebrate happiness together.

And so Leo lived happily and humorously, from one adventure to the next, always sharing laughter and love with all his friends, knowing that the greatest gift in the world is the joy of friendship and shared happiness.

Dávid, a Bátor Delfin

Egyszer volt, hol nem volt, volt egyszer egy színes, szikrázóan kék tenger, amely tele volt csodálatos élőlényekkel és izgalmas kalandokkal. E tenger egyik legnagyobb csodája volt Dávid, a fiatal delfin, aki híres volt a bátorságáról és kíváncsiságáról. Dávid nem volt akármilyen delfin – ő volt a tenger legfurcsább, legügyesebb, és legkalandvágyóbb állata.

Dávid aranyszínű pikkelyei a napfényben csillogtak, mint egy varázslatos híd a víz alatt, és a kedvessége és szelleme mindig mosolyt csalt a többi tengeri állat arcára. Szeretett új dolgokat felfedezni és sosem volt rest belevágni új kalandokba. Legjobban azt élvezte, amikor új barátokat ismerhetett meg a tenger különböző részein.

Egy nap, amikor a víz kristálytiszta volt, és a tengeri hullámok szinte táncoltak a napon, Dávid hallott egy izgalmas hírt az egyik teknőstől, akit Évának hívtak. Éva, aki a tenger egyik bölcs és idős lakója volt, izgatottan mesélte el, hogy egy hatalmas, rejtélyes kincs van elásva a tenger mélyén, és csak a legbátrabb állatok találhatják meg.

„Ez a kincs egy varázslatos tengeri gyöngy, amely több száz éve rejtőzik a Sötét Kanyon mélyén," mondta Éva. „Csak azok találhatják meg, akik valóban bátrak és kitartóak."

Dávid szeme felcsillant a hír hallatán. Mindig is imádta a kalandokat és a kihívásokat, és ez a rejtélyes gyöngy tökéletes volt számára. „Hát akkor irány a Sötét Kanyon!" mondta Dávid, és elindult, hogy megkeresse a kincset.

Az út a Sötét Kanyonba nem volt könnyű. Az első próbája egy hatalmas, titokzatos zátony volt, ahol a tengeri növények sűrűsége miatt alig lehetett látni. Dávid ügyesen navigált a szűk átjárókon, és mindig figyelt arra, hogy ne akadjon fenn a korallokban.

Ahogy Dávid haladt előre, találkozott egy kis, szívós tengeri csikóval, akit Szofi-nak hívtak. Szofi szorosan követett Dávidot, és azt mondta, hogy szeretne segíteni neki a kincs keresésében.

„Szeretnék segíteni, mert mindig is szerettem volna felfedezni a Sötét Kanyont," mondta Szofi. „Bár kicsi vagyok, sokat tudok a tengeri növényekről és állatokról, ami hasznos lehet."

Dávid örömmel fogadta Szofi ajánlatát, és együtt folytatták az utat. Az út során találkoztak egy vicces, színes polippal, akit Pötyinek hívtak. Pötyi elmondta, hogy a kincs nyomozása nemcsak ügyességet, hanem bölcsességet is igényel.

„A Sötét Kanyon nemcsak sötét, hanem sok titkot is rejt," mondta Pötyi. „Az egyik legfontosabb dolog, amire szükségetek lesz, az a türelem és a kíváncsiság. Ha valóban szeretnétek megtalálni a kincset, figyelnetek kell minden apró részletre."

Dávid és Szofi folytatták az utat, és hamarosan elértek a Sötét Kanyon bejáratához. A kanyon szájához közel egy hatalmas, öreg cápával találkoztak, akit Szilárdnak hívtak. Szilárd a kanyon őrzője volt, és csak azoknak engedte be a kanyonba, akik megfeleltek a próbáknak.

„Ha szeretnétek bejutni a kanyonba, először meg kell oldanotok egy feladványt," mondta Szilárd. „Ez a feladvány megmutatja, hogy valóban bátor és ügyes vagy-e."

Szilárd egy nehezen érthető rejtvényt adott Dávidnak és Szofinak. A feladvány így szólt:

„Mi az, ami sosem áll meg, de mindig mozgásban van, és mindig változik, de sosem cserélődik ki?"

Dávid és Szofi gondolkodtak a feladványon. Sokáig töprengtek, és közben Szofi megfigyelte a kanyon falán elhelyezett minta alakját. Végül Szofi felsikoltott: „A válasz az áramlat! Az áramlat mindig mozgásban van és változik, de sosem cserélődik ki!"

Szilárd elmosolyodott és megengedte, hogy Dávid és Szofi belépjenek a kanyonba. Ahogy beléptek a Sötét Kanyonba, a környezet egy teljesen más világot tárult fel előttük. A kanyon belseje tele volt fényes, csillogó kövekkel és különleges tengeri növényekkel.

Az útjuk során Dávid és Szofi számos kihívással találkoztak. Az egyik legnagyobb próba egy hatalmas alagút volt, amely tele volt mozgó kövekkel és rejtett veszélyekkel. Dávid ügyesen navigálta a csapatot, miközben Szofi figyelte az út mentén elhelyezett jelzéseket.

Végül elértek a kanyon legmélyebb részéhez, ahol egy hatalmas, rejtélyes gyöngy pihent egy szikla alatt. A gyöngy varázslatos fényt bocsátott ki, ami betöltötte az egész kanyont. Dávid és Szofi izgatottan nézték a kincset, és tudták, hogy a kalandjuk elérte célját.

A gyöngy megérintése után a kanyon falai elkezdtek rezegni, és a fények egy csodálatos táncot kezdtek. A gyöngy ereje kiáradt, és mindenki érezhette a tengeri varázslatot. Dávid és Szofi boldogan mosolyogtak, tudva, hogy megtalálták a kincset és teljesítették a küldetést.

Miután megtalálták a gyöngyöt, Dávid és Szofi visszatértek a dzsungel közepére, ahol mindenki ünnepelte őket. Az állatok büszkék voltak Dávidra és Szofira, és mindannyian megosztották örömüket a kincs megtalálása miatt.

A híres tengeri gyöngy története hamar eljutott az összes tengeri lényhez, és mindenki megértette, hogy a legfontosabb dolog az életben a bátorság, a kíváncsiság, és a kitartás. Dávid és Szofi további kalandokra indultak, mindig új csodákat keresve és barátaikkal megosztva a felfedezéseiket.

Így Dávid, a bátor delfin, és Szofi, a kíváncsi tengeri csikó, tele voltak kalanddal és örömmel. Mindig új kihívásokat keresve és felfedezve a tenger legmélyebb titkait, továbbra is varázslatos élményeket éltek át együtt.

David, the Brave Dolphin

Once upon a time, in a vibrant, sparkling blue sea teeming with marvelous creatures and thrilling adventures, lived a special dolphin named David. David was no ordinary dolphin—he was the bravest, most regal, and most adventurous animal in the sea.

David boasted a golden shimmer on his scales that sparkled like a magical bridge underwater, and his kindness and spirit always brought a smile to the faces of other sea creatures. He loved exploring new things and was never afraid to embark on new adventures. He especially enjoyed meeting new friends in different parts of the ocean.

One day, when the water was crystal clear and the waves seemed to dance in the sunlight, David heard an exciting piece of news from a wise old turtle named Eva. Eva, one of the oldest and wisest residents of the sea, excitedly shared that a massive, mysterious treasure was buried deep within the sea, and only the bravest of animals could find it.

"This treasure is a magical sea pearl that has been hidden in the Dark Canyon for hundreds of years," said Eva. "Only those who are truly brave and persistent can find it."

David's eyes lit up with excitement upon hearing the news. He had always loved adventures and challenges, and this mysterious pearl was perfect for him. "Then let's head to the Dark Canyon!" David said, and set off to find the treasure.

The journey to the Dark Canyon was not easy. The first challenge was a huge, mysterious reef where the sea plants were so dense that it was nearly impossible to see. David skillfully navigated through narrow passages, always careful not to get stuck in the corals.

As David moved forward, he encountered a small, determined seahorse named Sophie. Sophie closely followed David and said she wanted to help him in the search for the treasure.

"I'd like to help because I've always wanted to explore the Dark Canyon," Sophie said. "Even though I'm small, I know a lot about sea plants and animals, which could be useful."

David gladly accepted Sophie's offer, and they continued together. Along the way, they met a funny, colorful octopus named Pötyi. Pötyi explained that finding the treasure required not just skill but also wisdom.

"The Dark Canyon is not only dark but also hides many secrets," Pötyi said. "One of the most important things you will need is patience and curiosity. If you really want to find the treasure, you must pay attention to every little detail."

David and Sophie pressed on, and soon they reached the entrance to the Dark Canyon. Near the entrance, they encountered a huge, old shark named Szilárd. Szilárd was the guardian of the canyon and only allowed those who passed the trials to enter.

"If you want to enter the canyon, you must first solve a riddle," Szilárd said. "This riddle will show if you are truly brave and clever."

Szilárd gave David and Sophie a challenging riddle. The riddle went like this:

"What never stops, but is always in motion, and always changes but never gets replaced?"

David and Sophie pondered the riddle. They thought for a long time, and while Sophie observed the patterns on the canyon walls, she suddenly exclaimed, "The answer is the current! The current is always in motion and changes, but it never gets replaced!"

Szilárd smiled and allowed David and Sophie to enter the canyon. As they entered the Dark Canyon, the environment revealed a completely different world. The canyon's interior was filled with bright, sparkling stones and unique sea plants.

During their journey, David and Sophie faced many challenges. One of the greatest trials was a vast tunnel filled with moving stones and hidden dangers. David skillfully led the team while Sophie observed the signs placed along the path.

Eventually, they reached the deepest part of the canyon, where a massive, mysterious pearl rested beneath a rock. The pearl emitted a magical light that filled the entire canyon. David and Sophie gazed at the treasure with excitement, knowing they had reached their goal.

After touching the pearl, the canyon walls began to resonate, and the lights danced in a spectacular display. The pearl's power radiated, and everyone could feel the sea's magic. David and Sophie smiled joyfully, knowing they had found the treasure and completed their quest.

After discovering the pearl, David and Sophie returned to the center of the sea, where everyone celebrated them. The animals were proud of David and Sophie, and they all shared their joy at finding the treasure.

The story of the famous sea pearl quickly spread among all the sea creatures, and everyone understood that the most important things in life are courage, curiosity, and perseverance. David and Sophie set out on more adventures, always seeking new wonders and sharing their discoveries with friends.

Thus, David, the brave dolphin, and Sophie, the curious seahorse, were filled with adventure and joy. Always seeking new challenges and uncovering the deepest secrets of the sea, they continued to experience magical moments together.

And so David lived happily and heroically, from one adventure to the next, always sharing laughter and love with all his friends, knowing that the greatest gift in the world is the joy of friendship and shared happiness.

Rudi, a Szuper Nyúl

Egyszer volt, hol nem volt, volt egyszer egy csodálatos, virágokkal és zöldellő fűvel teli rét, ahol minden nap napfény ragyogott, és a madarak vidáman énekeltek. Ebben a mesés világban élt Rudi, a szuper nyúl. Rudi nem volt akármilyen nyúl – ő volt a rét legbátrabb, legügyesebb és legkreatívabb állata.

Rudi bundája fehér volt, mint a hó, és a fülei mindig hegyesek voltak, mintha éppen hallgatózna valami izgalmasra. Rudi igazi kalandor volt, mindig valami új és érdekes dolgot keresett, ami felkeltette az érdeklődését. Szerette a rejtvényeket, a játékokat és a barátai számára rendezett meglepetéseket.

Egy nap, amikor a nap már a rét fölött magasan állt, és a levegő tele volt illatos virágokkal, Rudi egy furcsa hírt hallott. Az öreg bagoly, aki a rét bölcsességét és tudását képviselte, izgatottan jelentette be, hogy a réten egy hatalmas, titokzatos kincs van elrejtve, és csak a legokosabb és legbátrabb nyúl találhatja meg.

„Ez a kincs egy varázslatos sárga répa, amely hihetetlen erőkkel rendelkezik," mondta az öreg bagoly. „Csak azok találhatják meg, akik igazán ügyesek és merészek. A kincs el van rejtve a Titokzatos Fűtenger mélyén."

Rudi szeme felcsillant a hír hallatán. Mindig is imádta a kihívásokat és a kalandokat, és tudta, hogy ez a feladat tökéletes lesz számára. „Kész vagyok a kihívásra!" mondta Rudi magabiztosan, és elindult, hogy megkeresse a kincset.

Az első próba, amivel Rudi szembesült, egy hatalmas, zöldellő labirintus volt, ahol a fű olyan magas volt, hogy szinte semmit sem lehetett látni.

Rudi ügyesen navigálta az útját, figyelmesen követve a kanyargós ösvényeket és kerülve a trükkös csapdákat.

Ahogy a labirintuson keresztül haladt, találkozott egy kedves, bölcs sünnel, akit Sári-nak hívtak. Sári szorgalmasan dolgozott a labirintus falain található titkos jeleken, és úgy tűnt, mintha tudná, merre kell menni.

„Üdvözöllek, Rudi!" mondta Sári barátságosan. „Ha szeretnél továbbhaladni, segíts nekem megfejteni ezt a rejtvényt. Ez a rejtvény segíthet megtalálni a helyes utat a labirintuson keresztül."

Sári egy rejtélyes, írásos jelet mutatott Rudinak, amely így szólt:

„Két lábam van, de nem tudok járni. Két kezem van, de nem tudok írni. Mi vagyok én?"

Rudi gondolkodott a rejtvényen, és egy pillanat múlva rájött a válaszra. „Ez egy óra!" mondta Rudi magabiztosan. „Az óra mutatja az időt, de nem tud járni vagy írni."

Sári elmosolyodott, és elárulta, hogy Rudi helyesen válaszolt. „Nagyon ügyes vagy, Rudi. Az óra is a labirintus egyik kulcsfontosságú jele. Ha követed az órát, biztosan el fogsz jutni a labirintus végére."

Rudi megköszönte Sárinak a segítséget, és folytatta az útját az órák jeleit követve. Hamarosan elérte a labirintus végéhez, ahol egy gyönyörű tisztásra jutott.

A tisztáson egy óriási, színes íjjal és egy hatalmas kosárral várta egy mókás, vicces nyúl, akit Niki-nek hívtak. Niki elmondta, hogy a következő kihívás az lesz, hogy a kosárba kell dobni egy bizonyos számú répát az íj segítségével.

„Ez a feladat nem csak ügyességet, hanem sok türelmet is igényel,"
mondta Niki. „A répa nemcsak a kincs kulcsa, hanem az is, hogy
megtaláld a helyes irányt."

Rudi ügyesen célozva és türelmesen dolgozott, és végül sikerült elérnie a
célt, és a kosárba dobta az összes répát. Niki büszkén nézte, ahogy Rudi
teljesíti a feladatot, és egy újabb jelet adott neki.

„Most már csak egy utolsó próba maradt," mondta Niki. „El kell jutnod
a Titokzatos Fűtenger közepére, ahol a kincs rejtőzik. Ehhez meg kell
másznod egy hatalmas, szúrós tövist, amely az utat blokkolja."

Rudi elindult a fűtenger közepére, és hamarosan megérkezett a hatalmas
tövishez. A tövisek élesek voltak, és Rudi ügyesen kellett mozognia, hogy
ne sérüljön meg. Ekkor találkozott egy ügyes, vidám békával, akit
Zoli-nak hívtak. Zoli segíteni akart Rudinak, és azt mondta, hogy tud
egy trükköt, amivel elkerülhetik a töviseket.

„Ha követed a lassú, egyenletes mozgást, és figyelsz a tövisek irányára,
könnyen átkelhetsz rajta," mondta Zoli. „Nézd, így csináld!"

Rudi figyelmesen követte Zoli útmutatásait, és ügyesen átkelt a
töviseken. Amikor végre elérte a fűtenger közepét, meglátta a varázslatos
sárga répát, amely csillogott és ragyogott az összes színben, amit el lehet
képzelni.

Rudi örömmel vette kézbe a répát, és azonnal érezte a gyümölcs
varázslatos erejét. Az egész rét egy csodálatos fényben kezdett ragyogni,
és a környező állatok csodálkozva nézték, ahogy a kincs ereje elárasztja a
rétet.

Rudi boldogan és büszkén hozta vissza a répát a rét közepére, ahol az
állatok ünnepelték őt. Az öreg bagoly is gratulált Rudinak, és elmondta,
hogy a kincs nemcsak hatalmas erővel rendelkezik, hanem az is, hogy az
igazán ügyes és bátor állatok képesek felfedezni és megosztani másokkal.

A rét állatai ünnepséget rendeztek Rudi tis honorára, ahol mindenki együtt örült, és megköszönték Rudinak a bátorságát és ügyességét. Rudi megtanulta, hogy a legfontosabb dolog az életben nemcsak a kincs megtalálása, hanem az is, hogy a barátokkal együtt ünnepelhessük a közös sikereket.

A következő napokban Rudi továbbra is kalandokat keresett és új kihívásokkal szembesült. Mindig új felfedezéseket tett, és örömmel osztotta meg azokat barátaival. Az egész rét tele volt nevetéssel és boldogsággal, és mindenki tudta, hogy a legfontosabb dolog az életben a bátorság, a kíváncsiság és a barátság.

Így élt Rudi, a szuper nyúl, boldogan és kalandosan, mindig új kihívásokat keresve és varázslatos élményeket megosztva barátaival. A rét lakói tudták, hogy a legnagyobb ajándék az életben az, hogy együtt ünnepelhetjük a közös örömöt és kalandokat.

Rudy, the Super Rabbit

Once upon a time, in a marvelous meadow filled with colorful flowers and lush green grass, where the sunshine always beamed and the birds sang joyfully, lived Rudy, the super rabbit. Rudy was no ordinary rabbit—he was the bravest, cleverest, and most creative creature in the meadow.

Rudy's fur was as white as snow, and his ears were always perked up, as if he was listening for something exciting. Rudy was a true adventurer, always searching for new and interesting things that sparked his curiosity. He loved puzzles, games, and surprising his friends with exciting plans.

One day, as the sun stood high above the meadow and the air was filled with the fragrance of blooming flowers, Rudy heard an intriguing news. The wise old owl, who represented the wisdom and knowledge of the meadow, excitedly announced that a huge, mysterious treasure was hidden in the meadow, and only the cleverest and bravest rabbit could find it.

"This treasure is a magical yellow carrot with incredible powers," said the wise old owl. "Only those who are truly skilled and courageous can find it. The treasure is hidden deep within the Mysterious Grass Sea."

Rudy's eyes sparkled with excitement at the news. He had always loved challenges and adventures, and this task seemed perfect for him. "I'm ready for the challenge!" Rudy said confidently and set off to find the treasure.

The first trial Rudy faced was a massive, green maze where the grass was so tall that it was almost impossible to see anything. Rudy skillfully navigated his way through, carefully following the winding paths and avoiding tricky traps.

As he made his way through the maze, he encountered a kind and wise hedgehog named Sari. Sari was diligently working on the secret signs on the maze walls and seemed to know where to go.

"Welcome, Rudy!" Sari said warmly. "If you want to continue, help me solve this riddle. This riddle can help find the correct path through the maze."

Sari showed Rudy a mysterious inscription, which read:

"I have two legs but cannot walk. I have two hands but cannot write. What am I?"

Rudy thought about the riddle and quickly came up with the answer. "It's a clock!" Rudy said confidently. "A clock tells time, but it doesn't walk or write."

Sari smiled and revealed that Rudy answered correctly. "You're very clever, Rudy. The clock is also one of the key signs in the maze. If you follow the clock, you will surely reach the end of the maze."

Rudy thanked Sari for the help and continued following the signs of the clock. Soon he reached the end of the maze, where he arrived at a beautiful clearing.

In the clearing, a giant, colorful bow and a huge basket awaited him, guarded by a playful, funny rabbit named Niki. Niki explained that the next challenge was to throw a certain number of carrots into the basket using the bow.

"This task requires not only skill but also a lot of patience," Niki said. "The carrot is not just the key to the treasure, but also to finding the right direction."

Rudy expertly aimed and worked patiently, eventually succeeding in hitting the target and throwing all the carrots into the basket. Niki proudly watched as Rudy completed the task and handed him another sign.

"There's only one last trial left," Niki said. "You must reach the center of the Mysterious Grass Sea, where the treasure is hidden. To do this, you must climb a huge, thorny bramble that blocks the way."

Rudy set off towards the center of the grass sea and soon arrived at the massive bramble. The thorns were sharp, and Rudy had to move carefully to avoid getting hurt. Just then, he met a clever, cheerful frog named Zoli. Zoli wanted to help Rudy and shared a trick to avoid the thorns.

"If you follow a slow, steady movement and pay attention to the direction of the thorns, you can easily cross," Zoli said. "Watch, this is how you do it!"

Rudy carefully followed Zoli's instructions and skillfully crossed the thorns. When he finally reached the center of the grass sea, he saw the magical yellow carrot, shimmering and glowing with every imaginable color.

Rudy happily picked up the carrot and immediately felt the magical power of the treasure. The entire meadow began to shine with a wonderful light, and the surrounding animals watched in awe as the power of the treasure filled the meadow.

Rudy proudly and joyfully brought the carrot back to the center of the meadow, where the animals celebrated him. The wise old owl congratulated Rudy and explained that the treasure not only had immense power but also symbolized that truly clever and brave animals are capable of discovering and sharing with others.

The meadow animals held a celebration in Rudy's honor, where everyone rejoiced together and thanked Rudy for his bravery and skill. Rudy learned that the most important thing in life is not just finding the treasure, but also celebrating the shared successes with friends.

In the following days, Rudy continued to seek adventures and faced new challenges. He always made new discoveries and happily shared them with his friends. The entire meadow was filled with laughter and happiness, and everyone knew that the most important thing in life was courage, curiosity, and friendship.

And so Rudy, the super rabbit, lived happily and adventurously, always searching for new challenges and sharing magical experiences with his friends. The meadow inhabitants knew that the greatest gift in the world is celebrating joy and adventures together.

Szundi, az Álmos Cica Kalandjai

Egyszer volt, hol nem volt, volt egyszer egy csodálatos kisváros, tele vidám emberekkel és boldog állatokkal. A város egyik legkedveltebb lakója egy álmos cica volt, akit Szundinak hívtak. Szundi egy vastag, pihe-puha szőrű macska volt, és legfőbb tulajdonsága az volt, hogy mindig álmos volt. Szerette a hosszú alvásokat, a kényelmes párnákat és a napfényben való szunyókálást.

Egy napon, amikor a nap már magasan állt az égen, és a madarak vidáman csicseregtek, Szundi egy különös hírt hallott. Az állatok beszélgettek arról, hogy a városközpontban egy hatalmas, varázslatos párna jelent meg, amely olyan kényelmes és puha, hogy aki egyszer ráfekszik, azonnal a legcsodálatosabb álmokat álmodja.

„Ez a párna a Boldogság Párnája," mondta az öreg macska, Micimackó. „Csak azok találhatják meg, akik igazán álmosak és nyugodtak. A párna el van rejtve a Virágos Kert közepén, és csak a legálmosabb cica képes megtalálni."

Szundi szeme felcsillant a hír hallatán. Mindig is szerette a kényelmes helyeket és a szunyókálást, és tudta, hogy ez a feladat tökéletes lesz számára. „Én megtalálom a párnát!" mondta Szundi álmosan, de eltökélten, és elindult, hogy megkeresse a Boldogság Párnáját.

Az első próba, amivel Szundi szembesült, egy hatalmas, illatos virágokkal teli mező volt, ahol a színes szirmok úgy lengedeztek, mint a tenger hullámai. Szundi lassan és óvatosan haladt előre, minden lépésnél mély lélegzetet vett, és érezte, ahogy az illatok nyugtató hatással vannak rá.

Ahogy a mezőn keresztül haladt, találkozott egy kedves, barátságos pillangóval, akit Csipke Rózsinak hívtak. Csipke Rózsi szorgalmasan röpködött a virágok között, és úgy tűnt, mintha tudná, merre kell menni.

„Üdvözöllek, Szundi!" mondta Csipke Rózsi. „Ha szeretnél továbbhaladni, segíts nekem megfejteni ezt a virágokkal kapcsolatos rejtvényt. Ez a rejtvény segíthet megtalálni a helyes utat a mezőn keresztül."

Csipke Rózsi egy rejtélyes, virágokkal teli jelet mutatott Szundinak, amely így szólt:

„Van egy virág, amely mindig a nap felé fordul, és sosem hajtja le a fejét. Mi az?"

Szundi gondolkodott a rejtvényen, és egy pillanat múlva rájött a válaszra. „Ez a napraforgó!" mondta Szundi álmosan, de magabiztosan. „A napraforgó mindig a nap felé fordul."

Csipke Rózsi elmosolyodott, és elárulta, hogy Szundi helyesen válaszolt. „Nagyon ügyes vagy, Szundi. A napraforgó a mező egyik kulcsa. Ha követed a napraforgók irányát, biztosan el fogsz jutni a mező végére."

Szundi megköszönte Csipke Rózsinak a segítséget, és folytatta az útját a napraforgók jeleit követve. Hamarosan elérte a mező végét, ahol egy gyönyörű kis patak csörgedezett.

A pataknál egy vidám, játékos béka, akit Zsófinak hívtak, várta Szundit. Zsófi elmondta, hogy a következő kihívás az lesz, hogy át kell ugrani a patakon, miközben figyelni kell a kövekre.

„Ez a feladat nem csak ügyességet, hanem sok figyelmet is igényel," mondta Zsófi. „A kövek nemcsak a patakon való átkelés kulcsa, hanem az is, hogy megtaláld a helyes irányt."

Szundi ügyesen és figyelmesen ugrált a köveken, és végül sikerült átjutnia a patakon. Zsófi büszkén nézte, ahogy Szundi teljesíti a feladatot, és egy újabb jelet adott neki.

„Most már csak egy utolsó próba maradt," mondta Zsófi. „El kell jutnod a Virágos Kert közepére, ahol a Boldogság Párnája rejtőzik. Ehhez meg kell másznod egy hatalmas, szúrós bokrot, amely az utat blokkolja."

Szundi elindult a kert közepére, és hamarosan megérkezett a hatalmas bokorhoz. A tüskék élesek voltak, és Szundinak ügyesen kellett mozognia, hogy ne sérüljön meg. Ekkor találkozott egy vidám, ügyes sünnel, akit Pankának hívtak. Panka segíteni akart Szundinak, és azt mondta, hogy tud egy trükköt, amivel elkerülhetik a tüskéket.

„Ha követed a lassú, egyenletes mozgást, és figyelsz a tüskék irányára, könnyen átkelhetsz rajta," mondta Panka. „Nézd, így csináld!"

Szundi figyelmesen követte Panka útmutatásait, és ügyesen átkelt a tüskéken. Amikor végre elérte a kert közepét, meglátta a varázslatos Boldogság Párnáját, amely csillogott és ragyogott az összes színben, amit el lehet képzelni.

Szundi boldogan feküdt le a párnára, és azonnal érezte annak varázslatos erejét. Az egész kert egy csodálatos fényben kezdett ragyogni, és a környező állatok csodálkozva nézték, ahogy a párna ereje elárasztja a kertet.

Szundi boldogan és büszkén hozta vissza a párnát a kert közepére, ahol az állatok ünnepelték őt. Az öreg Micimackó is gratulált Szundinak, és elmondta, hogy a párna nemcsak hatalmas erővel rendelkezik, hanem az is, hogy az igazán álmos és nyugodt állatok képesek felfedezni és megosztani másokkal.

A kert állatai ünnepséget rendeztek Szundi tiszteletére, ahol mindenki együtt örült, és megköszönték Szundinak a nyugalmát és ügyességét.

Szundi megtanulta, hogy a legfontosabb dolog az életben nemcsak a kincs megtalálása, hanem az is, hogy a barátokkal együtt ünnepelhessük a közös sikereket.

A következő napokban Szundi továbbra is nyugodt kalandokat keresett és új kihívásokkal szembesült. Mindig új felfedezéseket tett, és örömmel osztotta meg azokat barátaival. Az egész kert tele volt nevetéssel és boldogsággal, és mindenki tudta, hogy a legfontosabb dolog az életben a nyugalom, a kíváncsiság és a barátság.

Így élt Szundi, az álmos cica, boldogan és kalandosan, mindig új kihívásokat keresve és varázslatos élményeket megosztva barátaival. A kert lakói tudták, hogy a legnagyobb ajándék az életben az, hogy együtt ünnepelhetjük a közös örömöt és kalandokat.

Snoozy, the Sleepy Cat's Adventures

Once upon a time, in a wonderful little town filled with cheerful people and happy animals, lived a sleepy cat named Snoozy. Snoozy was a fluffy, soft-furred cat, and his most distinctive trait was that he was always sleepy. He loved long naps, cozy cushions, and basking in the sunlight.

One day, as the sun stood high in the sky and the birds chirped merrily, Snoozy heard an intriguing piece of news. The animals were talking about a huge, magical cushion that had appeared in the town square. This cushion was so comfortable and soft that anyone who lay on it would immediately dream the most wonderful dreams.

"This cushion is the Cushion of Happiness," said the old cat, Whiskers. "Only those who are truly sleepy and calm can find it. The cushion is hidden in the middle of the Flower Garden, and only the sleepiest cat can find it."

Snoozy's eyes sparkled with excitement at the news. He always loved cozy places and napping, and he knew this task was perfect for him. "I will find the cushion!" Snoozy said sleepily but determinedly, and set off to find the Cushion of Happiness.

The first trial Snoozy faced was a huge field filled with fragrant flowers, where the colorful petals swayed like ocean waves. Snoozy moved slowly and carefully, taking deep breaths with each step and feeling the soothing effect of the scents.

As he made his way through the field, he met a kind and friendly butterfly named Rosie. Rosie was diligently fluttering among the flowers and seemed to know where to go.

"Welcome, Snoozy!" said Rosie warmly. "If you want to continue, help me solve this flower-related riddle. This riddle can help find the correct path through the field."

Rosie showed Snoozy a mysterious, flower-filled sign, which read:

"There is a flower that always turns towards the sun and never lowers its head. What is it?"

Snoozy thought about the riddle and soon came up with the answer. "It's the sunflower!" Snoozy said sleepily but confidently. "The sunflower always turns towards the sun."

Rosie smiled and revealed that Snoozy had answered correctly. "You're very clever, Snoozy. The sunflower is one of the keys to the field. If you follow the direction of the sunflowers, you will surely reach the end of the field."

Snoozy thanked Rosie for her help and continued following the signs of the sunflowers. Soon, he reached the end of the field, where a beautiful little stream flowed.

At the stream, a cheerful, playful frog named Zsófi awaited Snoozy. Zsófi explained that the next challenge was to jump across the stream while paying attention to the stones.

"This task requires not only skill but also a lot of attention," Zsófi said. "The stones are not just the key to crossing the stream but also to finding the right direction."

Snoozy skillfully and attentively hopped from stone to stone and eventually managed to cross the stream. Zsófi proudly watched as Snoozy completed the task and handed him another sign.

"Now, there's only one last trial left," Zsófi said. "You must reach the center of the Flower Garden, where the Cushion of Happiness is hidden. To do this, you must climb a huge, thorny bush that blocks the way."

Snoozy set off towards the center of the garden and soon arrived at the massive bush. The thorns were sharp, and Snoozy had to move carefully to avoid getting hurt. Just then, he met a cheerful, clever hedgehog named Panka. Panka wanted to help Snoozy and shared a trick to avoid the thorns.

"If you follow a slow, steady movement and pay attention to the direction of the thorns, you can easily cross," Panka said. "Watch, this is how you do it!"

Snoozy carefully followed Panka's instructions and skillfully crossed the thorns. When he finally reached the center of the garden, he saw the magical Cushion of Happiness, shimmering and glowing with every imaginable color.

Snoozy happily lay down on the cushion and immediately felt its magical power. The entire garden began to shine with a wonderful light, and the surrounding animals watched in awe as the cushion's power filled the garden.

Snoozy proudly and joyfully brought the cushion back to the center of the garden, where the animals celebrated him. The old Whiskers also congratulated Snoozy and explained that the cushion not only had immense power but also symbolized that truly sleepy and calm animals are capable of discovering and sharing with others.

The garden animals held a celebration in Snoozy's honor, where everyone rejoiced together and thanked Snoozy for his calmness and skill. Snoozy learned that the most important thing in life is not just finding the treasure but also celebrating shared successes with friends.

In the following days, Snoozy continued to seek calm adventures and faced new challenges. He always made new discoveries and happily shared them with his friends. The entire garden was filled with laughter and happiness, and everyone knew that the most important thing in life was calmness, curiosity, and friendship.

And so Snoozy, the sleepy cat, lived happily and adventurously, always searching for new challenges and sharing magical experiences with his friends. The garden inhabitants knew that the greatest gift in life is celebrating joy and adventures together.